AJENOS AL REMORDIMIENTO

ADOLFO CRESPO

AJENOS AL REMORDIMIENTO

EDICIONES DE LA ISLA DE SILTOLÁ

SEVILLA 2024

TIERRA

Diseño de colección: La Isla de Siltolá

© **Adolfo Crespo del Castillo**

© de la fotografía: Jaime Sánchez Martín

© 2024: **Ediciones de La Isla de Siltolá**
Apartado de Correos 22.015
41018 – Sevilla (España)
www.laisladesiltola.es • editorial@laisladesiltola.es

Impresión: Kadmos

ISBN: 978-84-19298-30-0 • DL: SE 12-2024
IBIC: DCF • THEMA: DCF

(Impreso en España)

CIRCUNSTANCIAS

A mí, en rigor, me han hecho como soy los que amé
Luis Rosales

Te veía hacer esas cosas sencillas
que tú haces para que el mundo entre en razón;
y no sabía a quién darle las gracias.
Karmelo C. Iribarren

Absortos en sí mismos
y sólo erguidos quedarán intactos
todavía más brillantes
ignorantes de sí
esos gestos de amor…
sin ver más nada.
Ángel González

25 AÑOS

Ayer soñé con el niño que fui.
Me imagino al final de las mañanas,
paseando mi mano nerviosa
por una verja oxidada y verde
como un metrónomo acelerado,
acompasando los pies
en cada surco de la calle
mientras *Jaime* arrancaba naranjas,
volviendo a casa por mera costumbre.

Nunca disfruté de jugar con *bichos*,
me ocupaba patear las piedras
vigilado por el parque y el lago,
por un albero seco,
por un incesante sol andaluz,
por la prisa despreocupada
de caravanas y mochilas.

Todo está igual, seguramente,
aunque hoy día pise otras calles
sin esperar nada de la vida,
recuerdo cada olor,
y no dejo de enumerar palabras
olvidadas a ratos.

SMART GIRL

Es complicado querer en inglés.
El miedo al rechazo no cambia,
ni la inseguridad,
ni el poco amor que acepto cada día,
y a la vez todo cambia
por la evidente falta
de tono romántico
y la excesiva inmediatez presente
en idiomas de palabras agudas.
Es complicado querer en inglés
igual que es complicado sentirse amado
por una mujer en cualquier parte,
incluso algo más
al traducir las letras de su nombre.

Recuerde, si va a amar en otro idioma,
      —no es sólo extensible al inglés—
mirar de reojo al abandono,
siempre puede hacerse presente
de una manera inesperada;
es más difícil leer entre líneas.

Es complicado querer en inglés,
no por ello menos reconfortante,
no por ello carente de mañanas,

esas mañanas largas, buscándonos
en las posibles sombras fugitivas
que fueran nuestras siluetas ayer,
compartiendo charlas de confesión
sobre pisadas hojas otoñales.
Recuerdo un beso insonoro,
tímido y fugaz,
como una recompensa al cariño,
un grito en riguroso silencio,
un reconocimiento a lo sincero.

Esa noche de sábado
dejaron de existir los idiomas.

SOBRAN LAS ESCALERAS

Para crecer sobran las escaleras.
Los años huyen con todo lo libre,
aparecen dudas, no hay equilibrio.
Los partidos empiezan a perderse
sin tocar el balón,
las camisas no se lavan solas,
el futuro se antoja algo triste
si no es en la tele,
la cabeza esboza un testamento
sin nada que legar.

La vida es mentira,
solo una promesa:
la explicación de este mundo y el otro.

COSTA DE LA LUZ

El mar sólo existía en verano,
en las caricias, en el silencio,
en la presunción de ego, en las terrazas,
en la resurrección del hastío,
en los ojos de alguna mujer,
en los bikinis, en la vanidad.

El mundo es una interminable
multitud de camareros, al servicio
de un verano interminable.

LA POLÍTICA

Era siempre rubia
pero muy despacio,
incluso con ese pelo mojado
al salir de la ducha,
incluso en silencio,
incluso mirando y
mostrando la sonrisa entre sus colmillos
como el presagio de un desafío.
Miraba sin miedo
con unos ojos como un suspiro,
casi de niña ilusionada,
pero algo más brillantes.

Se dedicaba a dar conferencias,
llegó a asesorar gobiernos,
tenía hasta una americana rosa
y maletas llenas de *modelitos*.

Era de opiniones fugaces,
la política la había cincelado
para hacer altares a su nombre,
se rezaba y buscaba
en todos los espejos de mi cuarto
que fue, si acaso, su vestidor,

o el epitafio de la noche,
mientras llovía sobre la lluvia.

Aquella noche no salí de casa
a buscar la belleza
hasta que te fuiste,
como se fue el suspiro de tus ojos.

TRÁMITE

Era uno de esos días
que ya nació huella.
La gente comía por compromiso,
bebía café rancio
y se sentaba por trámite;
existía por necesidad.

Otro día perdido
entre aviones y aeropuertos.

CHIC

Las Ray-Ban no te dejan
ver ninguna lágrima.
Ese chaleco de cuello vuelto
hace tu flequillo aún más francés,
y aunque no recuerdo los zapatos,
eran algo muy *chic*.

Adoptaste hace tiempo
un andar de revista
que roza lo déspota,
y un cariño distante
que saca la lengua en vez
de invitar a besar.

Solo te doy las gracias,
la felicidad y la poesía
nunca aciertan a tocar sus manos,
y tú me has regalado mil versos.

ESTOS DÍAS

Olvidé decirte mientras entrabas
que soy vulnerable al café
cuando está caliente,
se adueña de los silencios
y el final de las tardes,
con simpleza tenue,
con ausencia de luz.

Las tardes de café
todo empieza a ser olvido,
detalle a detalle, lentamente,
como cada rato que
me ha tocado vivir.

CALLE COFIA

El tiempo del cigarro
diluye las palabras del discurso,
evidencia la falta de mensaje.

Respiro más rápido.

Desisto de querer en plural
si no es más libre
que querer a solas.

LA GRAN BELLEZA

Si en realidad fuera un poeta
la vida sería algo diferente.

La intrascendencia, las circunstancias,
la casa en la playa,
las plazas de aparcamiento,
la ambición voraz
    —no sé si autoimpuesta—
la entrega al trabajo,
la vida en capitales extranjeras,
y la suscripción a Movistar;
condenan a participar del mundo.
Un mundo, donde la vulgaridad
y la ignorancia no tienen límites,
un mundo ajeno a la verdad.

Todavía no llego
a perdonarme lo que soy,
y eso no deja hueco
a imaginar finales.

Solo espero
    —aunque sea por pena—
un día, poder escribir
sin avergonzarme.

LOCKDOWN

Los días de lluvia
huelen siempre a tierra.
El ruido de las gotas
erosiona los nervios
y las ideas son de color gris.
No hay consuelo alguno,
nadie tiene la culpa,
es un mal necesario.

El jazz y las películas de *Allen*
se funden con la falta de interés
en el mundo más allá de la ventana.
No sirve de nada hacerse preguntas,
sigue lloviendo fuera.

El ruido de las gotas no aminora,
es solo un tic tac insoportable,
una cuenta atrás
hasta la lluvia y odio de mañana.

PARODIA

Entre su soledad
y mis asuntos,
se olvida el deseo.
El espejo devuelve
un reflejo de la falta de autoestima,
pidiendo mandar todo al *carajo*.

Lo peor de la pasión,
es cuando pasa más allá
de los puntos suspensivos.

VICIO

Esta casa es un laberinto,
un pozo sin ventanas,
un engaño que no lleva la cuenta
de los cigarrillos que he fumado,
los días se solapan
de forma natural.

El tiempo se acelera,
la verdad no asusta,
ha pasado a dar pánico.

DESCONCIERTO

Era una mujer guapa inusualmente,
portaba una belleza
ajena a mis ideas:
rubia, pero no llamativa, tímida
hasta no mirar nunca a los ojos.
Hablaba del espacio
sin notar que me daba todo igual,
sólo estaba absorto
en la idea de lo inclasificable,
escapaba a mi imaginación,
insultaba a mi inteligencia.

Me enamoré de ella
porque no tenía planes
para el fin de semana.

HUGHES HALL

Me encanta sentirme elocuente
y ella nunca deja de reírse.
No me merezco tanto.

ACCIDENTE EN MILTON KEYNES

Un Prius encallado en las plantas
    –para colmo un taxi–
era una estampa grotesca e irónica
para ser tan cercana a la muerte.
    –¿Quién coño puede estrellar un *Prius*
    en medio de la campiña inglesa?–
Encendí un *Malboro*
mientras contemplábamos el *después*,
un *después* improbable
para cualquier apuesta
diez minutos atrás.

Nos regalábamos una sonrisa,
superar la tragedia reconstruye,
por eso sonreíamos,
fruto del desconcierto,
'es lo que hay' seguíamos vivos
contra todo pronóstico.
No encontraba palabras elocuentes,
y procedí a encender el segundo
con una habilidad natural
aun teniendo las manos temblorosas.

Menos mal que no he muerto en Inglaterra,
después de ver el Museo Británico,

no sé si devolverían mi cuerpo,
aunque yo no sea una reliquia
creo que roban por vicio.

Inexplicablemente llegué a casa,
y entonces me di cuenta,
estaba solo, como lo estamos siempre,
pero ahora un poco más solo,
mientras llegaba otra mañana gris
en perfecto silencio.

TERCERA PERSONA

Decidí quererte un miércoles tarde
durante una reunión insulsa y gris,
después de pensar en la vuelta a casa,
probablemente húmeda
al no tener paraguas ni guantes.

Te recogí con dos cafés en la mano
y mucho miedo,
miedo a elegir,
miedo a pensar que fueras alguien,
que de verdad existías
más allá de unos ojos claros
y un pantalón con dobladillo
jugando en la línea entre la moda y la desgana.

Decidí quererte, asumiendo
ser querido de vuelta,
la afirmación como única realidad posible,
la vanidad del observador parcial,
una vida en primera persona.

El joven se ama demasiado a sí,
no sabe cómo entregarse,
y las respuestas son caprichosas.

AB

Yo te vi primero, en la terraza
de una casa cerca de Sevilla.
Recuerdo que era mayo,
y vuelvo a escribirte,
no sé cuántas van ya, perdí la cuenta.
Es difícil cuestionar emociones,
si añoro lo que no ha sucedido,
si idealizo una fantasía,
si existes más allá de mi memoria.
No sé contestarme, ni me castigo,
pienso mejor con un cigarro en la mano,
y ya no soy el fumador que era.

Vuelvo a pasear por tus fotos
con la misma pregunta,
no tengo ni idea del por qué,
pero otra vez vuelvo,
como se vuelve a casa
y a todo lo querido.

Pasé por la peña de San Bernardo
donde te conocí por segunda vez,
y me quedé absorto
imaginándote sobre adoquines
con la luz del año nuevo.

Voy a comprarme un piso
con un balcón castizo hacia el bar
para recordarte por las tardes,
dibujando un encuentro borroso
que huye del juicio de la realidad,
y de llegar un día a saber,
por qué llevo tu foto en el recuerdo.

CARRERA UNIVERSITARIA

Luis Carlos, por las mañanas, temprano,
recuerda días de ayer:
monitores, conclusiones baratas,
cigarros apagados en los platos,
y bajos conceptos morales
que se quitan con una buena ducha.

EL ADIÓS DE PAULA

Paula se despidió
sin decir adiós con las manos.
Era un día soleado de invierno
pero el sol no llegaba a calentar,
el viento se paseaba tan rápido
que el mundo se paró un instante.

Paula ha desordenado las letras
de la palabra nostalgia en busca
de ser corregida al final del folio.
Mientras *Paul* y *John* se peleaban
en los planos de un documental,
ella ha escuchado *Let It Be* sin piano
reconciliándose con los versos.
Los gritos de *Yoko* no han conseguido
disuadirla de encontrar
la paz con lo divino y la existencia.

Paula tiene su ritmo, y lo respeta
al caminar, comer,
esperar, enjugarse las lágrimas,
y apilar libros en lista pendiente.
Respeta las letras de su diario
como la mar respeta sus olas
aun siendo su única dueña.

Paula tiene al lado una esperanza
de ojos claros y paciencia latente.
Han llegado a acompasar sus ritmos
las tardes de julio en la Antilla,
leyendo en una terraza esquinada
como venganza hacia los días grises.
También les gusta viajar a Oporto.

Paula recuerda que
las coplas de Manrique
no se escribieron en un día,
la elegía es lenta y dolorosa.

Se tarda una vida
en llegar al reencuentro.

LOS NUEVOS POETAS

Nuestro mundo está nuevo,
lejos de su historia, da tristeza.
Hoy no existirá mañana, por culpa
de aquellos que diseñan prólogos
condenados a la intrascendencia,
los que viven siendo entrevistados
víctimas de sus autodescripciones
y revistas de versos caducos.
Es normal, cada día hay más coloquios
sobre la obra propia,
antologías a la brevedad;
¿Acaso leen algo los poetas?

Este mundo nuevo,
lejos de su historia, se maquilla,
obligado a mostrar algo de pudor,
pero los nuevos poetas
jamás lo observarán,
seguirán escribiendo.

SEMANA SANTA

Te esperaba con un beso en los labios,
en un cuarto vestido de verano
dos momentos fugaces.
Esperaba que algo fuera verdad,
ignorar el hambre, la ambición,
volver al sur cansado,
y redescubrirme en ti,
en un cuadro vacío
libre de miedos y perspectiva;
y Platón me recordaba
que el individuo solo no existe,
que vivir no es una lista de espera
ni eterno ejercicio de posponer
porque el miedo no se postpone;
y yo solo quería
leer algo en el centro,
el periódico en los desayunos,
sentirme en casa, aunque fuera un día.

Se consumió la espera,
y volví a otro avión
como quien pide la vez en la cola.
Un ejercicio estoico incensario.

PROPUESTA

Te propongo juntar soledades.
Comprometer las manos
con una condición:
encontrar tu soledad primero,
huir de ti y de todo lo amado,
negar tu voluntad
buscando un bien mayor
libre de circunstancias.

Te propongo juntar soledades
si olvidaste tu nombre,
si has estado sola sin elegirlo,
si estás dispuesta a empezar otra vez
a compartir lo que eres
conversando los lunes en silencio.

Te propongo juntar soledades,
generar una sola esperanza
donde poder vivir:
Las habitaciones
de una casa encendida,
y viajes en silencio.

MUNDO CONTEMPORÁNEO

Era un paraíso inmerecido,
ajeno a la realidad
hasta un punto obsceno.
Consecuencia del aburguesamiento
inventaban problemas
para poder llorar
y así regar las plantas,
mientras los hielos jugaban es sus vasos.

Tenemos que resucitar un día,
y ya no quedan sabios.

DEFINICIONES

Los días de sol en Cambridge
no son siempre deseables
aunque brillen por su ausencia.
Los días de sol tienen un peaje,
un precio a pagar elevado,
un motivo para renunciar
a todo lo bueno:
el maldito viento.

Los días grises, son grises y punto,
existen sin disfraz.
Los días de lluvia tampoco engañan,
son incómodos, y algo nostálgicos,
cansados en su repetición.
Pero los días de sol,
malditas esperanzas.
El viento y el frío
en esos días de sol,
son una línea divisoria,
¿hasta dónde se puede aguantar?
¿hasta dónde llega el sacrificio?
el hombre se transforma
por sentir la luz y el calor en su rostro.
Pero el sol es todo lo amado,
el día solo es cada instante,

el viento y el frío son este mundo,
cada circunstancia.

Los días de sol en Cambridge
se necesita abrigo
y una bufanda que de calor
para observar la felicidad.

Solamente entonces, empezamos
a crear nuestras definiciones.

ABNEGACIÓN (ABII)

Siempre estuvimos juntos
en tiempos diferentes.
Ese tiempo educó la frustración,
el olvido, lo amado,
el significado de lo estoico.
Ese tiempo ordenó las virtudes,
señaló con fuego las carencias,
esparció las cenizas,
y utilizó la palabra
sacrificio a modo de epitafio.

Siempre estuvimos juntos
en un pasado que nunca existió,
y tu recuerdo es un sueño
aferrado a la realidad.

EXPECTATIVAS

Su nombre era *Chanel*
pero no diseñaba *blazers* rosas
ni poseía el número cinco,
le ocupaban los viernes
y disfrutaba de la *dolce vita*
en una terraza romana de Salamanca.

Tenía planes para futuro,
        —o los imaginaba—
disfrutaba el café,
leía siempre a las nueve,
y rezaba una lista de quehaceres
desordenados: propósitos, miedos,
compras recomendadas en la *Vogue,*
o cualquier cosa
que la acercara a la elegancia,
        —o eso se creía—
incluso estar sola.

Su vida es un alegato al desencuentro,
se consume de forma intermitente
como un cigarrillo industrial
en sus uñas pintadas
según los cánones de las revistas.

El complejo define su existencia
más que la propia imagen,
igual que el aire
se hace presente solo al golpear,
o todo es invisible por las noches.

El ego deforma la percepción
como la esperanza la realidad.

RUSIA

Algunas personas no sienten nada,
entran, salen, joden, pasan frío,
se pasean intermitentes,
son algo desgraciadas cada día,
    —o lo fingen por vicio—
y se marchan sin legar testamento.

Ella era desgraciada
de una manera muy original,
no permitía la compasión
y odiaba las lágrimas.

LOS TRANSEÚNTES

El mundo ha convertido
a los transeúntes en familia.

Los de la ida y la vuelta al trabajo,
los de los viernes,
los de la cafetería,
el chipriota con el perro,
las cocineras de blanco,
el panadero de mandil azul,
los camareros de *Smokeworks*.

Las personas quieren contar quienes son,
algunas de verdad, y otras lo inventan.
El ego nace de la falta de reconocimiento.

EL MOÑO

Todos aseguran que la vieron primero

–Un moño duro
y unas piernas largas,
una pisada firme
atenta al suelo y a la verdad–

pero ninguno se atrevió
a alzar la mirada.

LA TIERRA BALDÍA

La soledad presidió el domingo.
Dediqué a *Elliot* la mañana,
La Tierra Baldía me ha superado
pero sigo existiendo
como cada personaje de Londres.

El hombre sufre y la mente crea,
ese conocimiento trasciende,
luego, solo hay paz.

SUS OJOS EN EL PARQUE

Solo una fina línea separa
tu iris y tu pupila
dando lugar a una escala de grises,
el tránsito de lo inexistente
a la sublimación de existir,
dos puntos negros
que hablan de inocencia,
        —o se la imaginan—
dos gotas llorando en un cristal
de un día gris, en cualquier parte.

Siempre he odiado la lluvia,
y llevo años en países lluviosos
mirando las ventanas,
el día y su escala de grises,
el tránsito de lo inexistente
a la sublimación de existir
en cualquier gota.
Algo que hoy no significa nada
sin tener tus ojos en el recuerdo.

SU SILUETA EN EL PARQUE

Tu pelo es un elogio
a la longitud justa.
Linda con el contorno de tu cuello
y la línea que dibuja tus hombros
con tu gesto amable,
con los colores primarios
presentes en tu blusa,
con el limón testigo
de tu agua con gas,
y con mis pensamientos dibujándote;
van y vienen, convergen hacia ti
como un *riff* de *blues*
rehuyendo el final de su corta vida.

No te he contemplado lo suficiente
para saber qué eres,
asumir la apuesta
de recordar tu nombre,
llegar a descubrir el cuándo
y el cómo llegarás
a decepcionarme.

LA ESQUINA DE COLÓSIMO

Se reunieron el domingo en Colósimo
para decirse adiós.
Se saludaron por necesidad,
un trámite incómodo y necesario
antes de sentarse a la mesa,
doloroso y bonito a la vez,
como lo existente.

Alternaban las risas y los llantos,
el contacto de manos intermitentes
estudiando sus formas
pudorosas, huyendo de tocarse demasiado,
empezando a olvidar.
Se demoraban con paciencia,
profanaban palabra por palabra
el contacto en sus manos,
asumían el farol de estar solos.

Se abrazaban como si pudieran
estarlo para siempre,
no sabía si era consuelo,
si era amor
        —o tristeza—
pero se miraban cicatrizando,
se entrelazaban a distancia.

Se miraban como sólo se miran
los que se quisieron,
con cariño y lástima,
con remordimiento.
Lloraban en silencio
sobre un pincho de tortilla
de su restaurante favorito,
donde alguna vez fueron algo.

Sabed que se quisieron,
no ese día, sino todos
antes de hoy, antes de estar muertos
como un puñado de la arena en la playa,
como en un alba íntima
con póstuma ternura
ligando los cuerpos en soledad.

El día que dejaron de quererse
fue tan puro que existirá
para siempre, incluso
cuando olviden sus nombres,
en el silencio después del amor.

TERM TIME

Llevaba sin volver dos eternidades,
eternidades cada vez más rápidas
aunque se disfrazaban de odiseas.

El tiempo es más irónico que relativo.

ILUSIÓN

Te quise dos semanas
cuando estabas lejos,
y a la vez presente
como esa palabra que no se piensa
aún después de decirla.

Quererrnos en plural
es una esperanza, la promesa
de quererte a solas
por tiempo limitado.

MAÑANA DE OCTUBRE

Las mañanas son duras
si parecen noches continuadas,
largas noches de insomnio
con luz artificial
como las tardes inglesas de invierno.

Necesito café
con convicciones en vez de leche,
pero solo las básicas, cortado,
para reencontrarme con el día
superando todas las circunstancias,
superando el ruido del claxon
y las ínfulas de gran ciudad
de las que presume este pueblo.

No las reconozco como mañanas,
y he trabajado en casa
sin ponerme colonia
en nombre de alguien.

LA VUELTA DEL BANCO

La luz de las farolas
pasea por el suelo
de las calles de Almagro,
cae leve y justa
mostrándote el camino
al portal de tu casa.
Dibuja las fachadas
con sombras imponentes,
se fuga en las esquinas
a modo de incógnita
para que estés alerta,
como una sorpresa
de esas que te gustan.

En los restaurantes
los camareros fuman,
se han descamisado
en una liturgia
al final de su día,
se sorprenden al verte
pasar por la puerta,
llegas más tarde que ellos,
fundida con el negro
y el silencio del barrio

que se acuesta pronto
al ser barrio burgués.

El suelo gesticula,
pierde luz por el ruido,
un compás de tacón
con cadencia de jazz,
y la sombra esbelta
de esas piernas largas
           –casi kilométricas–
de los pies al cansancio.

Por fin, llegas a casa,
vuelves a cenar
algo triste y frío,
           –no sé, si en silencio–
sin sentarte del todo,
dibujando tu espalda
una curva hiperbólica
con el pantalón blanco.

Yo, que admiro de lejos,
intento imaginarte,
pero eres más libre
que mi pensamiento.
Maleducado y torpe
por las circunstancias
solo alcanza a pensar:

va a ser complicado
salir a cenar los martes.

DÍA DE TODOS LOS SANTOS

Las mañanas de invierno
monto en bicicleta
con las manos heladas
camino al trabajo.
Me cuesta esquivar
a los turistas y a mis demonios
a partes iguales,
y nadie se da cuenta.

VIALE ANDREA DORIA 17, MILÁN

Las tardes de primavera en Milán
fumaba en la esquina de Andrea Doria
con un sol disfrazado de ráfaga,
un improbable sol que era el reencuentro
con todas las líneas del paisaje.

La libertad era algo sencillo
como poder fumar dentro de casa,
como ser un extraño,
como un bono de metro,
como ver el *Duomo*
y pasear la *Scalla*,
como el éxtasis de descubrir,
como estar perdido algunas veces,
como aprender de Andrés y Darío,
como vivir entre existencias
no necesariamente conectadas
de seres fascinantes.

Tenía una trenca gris vieja
y un pudor olvidado,
una cama nido que no juzgaba,
un desenfreno por conocer más
en un lugar y tiempo infinitos,

una elegía a la adolescencia,
un destierro a ser consecuente.

Algunas tardes llegué a querer
como se quiere dormido a un sueño,
como se quiere cuando nadie mira,
como se abraza después del vicio.
Es verdad, el niño piensa que ama
sin llegar a entregarse,
por desconocimiento e ignorancia,
por juventud, por miedo,
por fascinación ante ojos brillantes
cuando se entrecierran,
como el sol brilla más
cuando se pone al atardecer.

Las tardes de primavera en Milán
existí de forma tan verdadera
que entregué todo lo poseído,
que era nada,
a la belleza y lo absoluto,
sin pararme a recordar mi nombre.

EL CUARTO

He llegado a mi cuarto
cansado y con la chaqueta mojada,
y sosteniendo la vida en los hombros,
y la puerta pesa demasiado,
la inevitable puerta de mi cuarto,
un cuarto, una estancia,
una historia del tránsito.

Recuerdo que era lunes
pero se disfrazaba
de un día cualquiera,
de noche cerrada
    –aunque eran las cuatro–
de comienzo del invierno
    –inesperado como cada año–
de mirada perdida en la ventana
    –suplicando por sol–
de refugio en un cuarto.

Los vinilos decoran las paredes,
el cartel de *Humprey* en Casablanca
fumando en esmoquin,
el de *Jack* fumando sin sus *Wayfarer*.
Allí estaba el radiador medio roto,
el perchero abarrotado,

el zapatero viejo
con ínfulas de vestidor inglés,
la vida latiendo en las paredes.
La ventana es grande
pero entra poca luz,
forzando a las cortinas
a parecer un mero accesorio.

Conservo las maletas a la vista
para no olvidar que sigo en tránsito,
no las toco nunca por respeto,
son la única vía de escape,
la posibilidad de llevarme algo
aunque sea todo innecesario,
la nostalgia es un capricho accesorio.

He leído unas horas,
no sé si suficiente,
he perdido la noción del tiempo
dejando de existir,
el intento diario
de tocar la realidad con los dedos,
de no vivir en el remordimiento,
de no abandonarme a las circunstancias.

Se sucedían instantes pasajeros
pero escuché tu nombre en la ventana,
por desgracia, es el mismo en inglés,

aunque se pronuncie sin cuidado,
y sin acortarlo como te gusta,
y he vuelto a pensarte,
no me has dicho adiós
pero lo sé, lo noto,
comienzas a olvidarte de mi nombre,
te has ido hace tiempo,
la distancia no interrumpe nada,
ni la muerte, ni los silencios infundados,
tengo un sexto sentido
para el abandono.

Hablo de ti como si te quisiera,
como si una vez te hubiera querido,
como si no fueras la decepción
en su forma más perfecta,
como si viviera tras tus ojos,
y me siento ridículo.

Me meto en la cama por cansancio,
elijo acabar el día,
la vida es lo que pasa los ratos
que no puedo dormir,
solo la edad es mi despertador.

Necesito una frase verdadera
para escribir algo, sólo eso,
la frase más verdadera que conozca.

SUBSTANCIA

La oportunidad siempre se encuentra escondida en la naturaleza. Debes descubrirla. Como la poesía, la palabra verdadera es la raíz de la flor que arrancas de la naturaleza. Y la muerte de la planta es la vida de tus intenciones

JAVIER SÁNCHEZ MENÉNDEZ

No se pasa de lo posible a lo real, sino de lo imposible a lo verdadero.

MARÍA ZAMBRANO

EL MISMO POEMA

Siempre se escribe el mismo poema.
No es fácil de entender, la soledad
es siempre la misma frente al blanco
de una página que vuelve a ser virgen.
Se puede intentar disfrazar la voz,
pintarla de pulcritud con torpeza
o disimular la falta de ritmo,
pero es la misma voz.

El miedo es siempre el mismo miedo.
Las luces generan las mismas sombras
como un pájaro vuelve a migrar,
simplemente no hay otra opción,
todo lo inevitable nos consume
si se destierra su naturaleza,
nunca importó si es de ayer o de hoy,
pues la verdad es ajena al tiempo,
como la muerte a ser merecida,
el pudor y la vergüenza no cambian.

Siempre se ama desordenadamente.
Mientras haya una posibilidad
de que esté presente en algún sitio,
bajo una luz cualquiera,
se escribe siempre el mismo poema

como una alegoría de motivos,
siempre sumidos en el desconcierto
propio de buscar los matices diarios.
Siempre se idolatra lo inacabado.
Se guarda un poco de amor residual,
el poco que se cree merecido,
para las tardes frías, en que un beso
recibe a cambio solo una mejilla,
esbozando una simple lección
en sus ojos marrones compasivos.

Siempre se revisa el mismo poema.
Puede que sea bueno, o mediocre,
o carente de ritmo y sin vigencia.
La inseguridad siempre es la misma,
ligada al poema, condenada,
obligada a un trabajo sin fin
en busca de decencia y dignidad.

Vivimos condenados a un poema,
a nuestras únicas circunstancias.
El destino linda con la verdad,
como la belleza con lo eterno.

MIENTRAS NO SEPA TU NOMBRE

Todo será ideal
mientras no te conozca,
mientras no sepa tu nombre
ni que te gusta hacer las tardes.
Si nos cruzamos,
las miradas evitan
un saludo que no llegará,
porque no somos
nada del otro.

Todo será perfecto
mientras no sepa nada.
Mientras la incertidumbre
y la nostalgia te dibujen
sobre una figura
que no eres tú, ni es nadie,
por tanto desvirtuar cada rasgo.

Mientras seas el libro
que se convirtió
en el libro de las horas de insomnio;
seguiré escribiendo.

DESCUBRIMIENTOS

Un hombre sin fe ama la oración.
Le gustan las iglesias antiguas,
el frío y el silencio están presentes.

TIEMPO ORDINARIO

Hay personas que empiezan a querer
en días laborables,
otros sufren de miedo
a no dormir de noche.
Algunos con más suerte
viven siempre en silencio,
ajenos de afanes.
Hay personas que solo llegan tarde
cuando su cita es por la mañana,
con una impuntualidad escogida;
otros andan perdidos
entre las medias horas,
carentes de miedo y esperanza.
Hay personas que solo compran libros
con fin decorativo,
no puede afearse ser vulnerable
a diseños y olores antiguos;
otros se engañan
para no perder noción de lo cierto,
conscientes del cinismo.
Hay gente que solo lee en los aviones,
otros pasean libros
cerrados por la ciudad
para ejercitar imagen y brazos.
Hay cristianos que prefieren

ir a la iglesia cuando no hay nadie,
otros beben café solo por nervios.

Todos son parte de lo infinito,
la verdad se esconde
en días sin marcar del calendario,
un paso de los años
tan olvidado como distante.

La poesía nace del silencio
como los árboles mueren de pie,
siempre en tiempo ordinario.

JUVENTUD EUROPEA

Hace años se olvidó el verbo llorar
igual que se olvidó juntar las manos
conscientes de ser insignificantes.

El consuelo no existe,
ya no es necesario.
No deja de llover
y nadie se da cuenta.

MESA

Se acumulan los papeles
encima de la mesa
para caer tarde o temprano.

Sólo cuatro patas
y una tabla caoba
no pueden sostener para siempre
una indecisión con lista de espera.

DESPEDIDA

Con el paso del tiempo,
las despedidas no son
tan despedidas como la primera.
Ya no se dice adiós con la mano.

NUEVA DESPEDIDA

La nueva despedida
deja el sol a la espalda
igual que todas.

EXISTENCIA

Los hombres con pies posados en el suelo
no tienen miedo a volar,
existen, luego mueren,
pero no tienen miedo.

Los hombres con pies posados en el suelo
miran al cielo sin exigencias,
se aceptan naturales,
no tienen ni puñetera idea,
no creen controlar
cada paso de sus pretensiones.

Sólo la belleza es verdad,
simplemente es, sin explicaciones,
principio de existencia.

TIEMPO

El tiempo viene envuelto
en un plástico fino,
casi pornográfico.
Ha dejado de luchar,
no le importa que observen,
los mirones se amontonan, se jactan.

Casi todo lo serio es difícil,
y todo es serio.

MOMENTO

Lo más importante en el amor,
como en la comedia, es el ritmo.

LA CORONA

En la calle hace frío
como cada septiembre.
Puede que llueva un poco,
hay miradas al cielo
preocupadas por las chaquetas de ante.

La reina de Inglaterra ha muerto,
las convicciones están de luto,
el hombre se aferra a los símbolos,
es fiel en su amor a lo finito.
Los taxistas farfullan más bajo,
los estudiantes se quedan en casa,
los turistas huyen hacia Londres
dejando olvidada *Kings Parade*.
Las banderas se vuelven importantes
porque pueden ondear a media asta,
los comercios se tiñen de negro
y esto favorece la decencia
hasta en la tienda sucia de la esquina.

Los charcos de la calle
frente a la ventana
han sobrevivido a la reina,
las piedras de la iglesia
y las uñas rosas de una hortera

también sobrevivieron;
como el recuerdo del presente,
como todo lo que sigue en el mundo.
Otro rey se sentará en el trono,
y seguirá lloviendo,
y algún despistado
joderá su cazadora de ante,
porque en Cambridge llueve intermitente
cuando acaba el verano,
con el nuevo curso
y el color en las tiendas,
cada año, siempre.

Otras circunstancias,
nuevos dogmas reinventados,
pero *siempre* significa *siempre*,
eso sobrevivirá a la corona,
las abadías, los reyes discontinuos,
y el palacio de Buckingham.

Los pájaros siempre están cantando
y los necios buscando ser eternos.

ARROGANCIA

El mundo se reduce a las miradas
de los hombres atentos a lo propio,
de su momento vital y opiniones,
de pensamientos cercanos al *yo*.

No hay pestañeos,
hay un humo distante y opaco,
un ruido lejano, que acaso habla
de poco más allá de sus narices.

La arrogancia elige cuándo se ama
como el sol elige salir de día,
no existe otra opción plausible.

ANDALUCÍA

Sólo existo en los recuerdos
de una ciudad del sur,
de un pueblo de la sierra,
de una costa con pinos,
de una bandera estacional,
del sol, del azul, de lo inmensurable.

Sólo existo en la memoria,
en la convicción de querer un día,
en todo lo que huye de lo lógico,
en lo que vuelve a la inocencia,
en el lloro de todo lo abnegado.

Yo de *mayor* sólo quería ser sábado,
paloma del parque de María Luisa,
y ahora quiero ser mar,
el eterno mar andaluz que existe
sólo para que se bañen los niños.

¿Qué cantan los poetas andaluces de ahora?

VERDAD

El tiempo de silencio y lectura
compartido a solas,
es un sendero camino del centro.
Avanza, frena, para,
se confunde en la sombra
y juega con la luz,
da lugar al descanso necesario
que precede todo lo verdadero.

La poesía y el silencio
alejan de la vanidad.

COMPRENSIÓN

Dibujarla pensando
en su nombre a solas
no era vanidad,
era un grito en busca de comprensión.

LAS TARDES DE AYER

La madre es un milagro
a caballo entre la paciencia
y la entrega a un bien mayor.

La madre es un encuentro
y refugio las tardes invernales,
un hogar, una oda a resistir.

La madre es toda la existencia,
un cáliz transformado para siempre
en cuna mecida con brazo firme.

La madre es encarnación de la fe,
la imagen pura de la creencia
en ojos siempre esperanzados.

La madre es rectitud,
sufre en la dureza necesaria,
como otra parte del sacrificio.

Mi madre me dio un nombre,
ha escrito su apellido
en mis rasgos, mi cara,
mis palabras y gestos,
toda mi substancia.

El hijo ama tanto a la madre
que vive ajeno al agradecimiento.

Gracias, eternamente.

REMORDIMIENTO

El infierno es una mañana
de resaca continua
con remordimiento en cada gesto,
pero la mañana es hoy, presente,
y ayer es cada día
con miedo latiendo en las manos.

El remordimiento se hace trampas
jugando al solitario.
Punzante, implacable, duradero,
nunca correspondido,
un día gris despojado de noche,
una luna huérfana.

El remordimiento aleja el pecado,
pues sólo hay confesión
los días que existe remordimiento,
　　　　　–los domingos en misa
　　　　　　es un ejemplo claro
　　　　　　　¿Quién coño se arrepiente un martes?–
pero siempre hay pecado,
es causa necesaria.

La memoria del hombre es la esperanza,
y el infierno es un museo de remordimientos.

PRESENTE

Sólo existe el amor hoy,
pero todos los días,
porque mañana no existe,
y hoy es mentira hasta que sea ayer.

BLACK AND WHITE

El blanco y el negro
viven en un plano indiferente
a lo estacional.
No hay primavera,
ni marrón otoñal,
ni colores ligeros de verano;
la elegancia no necesita escusas,
no necesita historia,
merece ser admirada.

El blanco y el negro no tienen dueño,
viven en un plano diferente
como el tiempo y la naturaleza
viven ajenos a la voluntad.

El blanco y el negro
viven entre las páginas,
como los hombres en sus circunstancias:
humanamente solos.

EL ENGAÑO

Cae un árbol en el centro del bosque
un día cualquiera.
Nadie escucha el árbol,
nadie conoce el bosque,
nadie está presente,
nadie sabe si es real.
Esto relega la muerte del árbol
a mera ficción,
a idea sin substancia.

La conciencia
ata a la realidad
como único testigo.

LA VERDAD

La verdad es como la poesía,
y nadie lee poesía
ni le importa un *carajo*.

LA IDENTIDAD

Las esquinas del ruido y el silencio
se encuentran en lo desconocido,
y la extroversión siempre tiene
una soledad más larga por condena.

TRABAJO

La rutina y las circunstancias
son drogas silenciosas
de efecto prolongado,
también la obediencia
a la voz interior.

La poesía no es labor creativa
sino crítica.

LA HABITACIÓN DEL PIANO

Nadie sabía tocar
el piano de Aracena,
pero tenía su habitación.
Nadie dudó nunca de su espacio,
de su necesidad.

Existía como lo natural,
como la belleza,
era necesario y verdadero.

LOS LIBROS

Lo único malo que tienen los libros
es que ocupan espacio.

RECUERDO

Las fotografías son un recurso fácil.
No insinúan, enseñan,
como un gesto vulgar.
Recuerdo a Juan Ramón:
Facilidad, mala novia.

El olfato es todos los sentidos,
elegante como la nostalgia justa.

CASUALIDAD

Todo lo bueno
ocurre de manera fortuita,
no hay tiempo para creernos inmortales.

NADA EN EL DOMINGO

El domingo evidencia lo finito.
La gente desprecia el domingo,
no por preceder al lunes,
sino por ser el fin,
una evidencia,
lo infinito y su límite,
la confirmación, lo inevitable.

El domingo es la adolescencia,
la iglesia vacía y en silencio
cuando acaba la misa,
el encuentro con la verdad a solas.

MARTES DE NOVIEMBRE DE 2022

Los martes de noviembre
siempre es invierno

El cielo se caía gota a gota,
el suelo se movía por ráfagas,
la bruma cegaba la existencia,
los ciclistas se movían por fe,
por huida, más que por destino.

Los martes de noviembre
siempre es invierno

Las chaquetas enceradas también
terminan calando por insistencia,
nadie aguanta la lluvia para siempre,
especialmente en invierno
con los pensamientos encharcados
y los frenos de la rueda inservibles,
mera existencia,
nadie tiene la culpa.

Los martes de noviembre
siempre es invierno

Luz del cuarto encendida,
café y ducha calientes,
calentador y libros,
el abrigo tendido
y un documental
de un deporte cualquiera.

Los martes de noviembre
siempre es invierno,
pero este invierno se ha disfrazado
y es sólo un domingo,
el final de una frase,
una fiesta en movimiento.

GRIS

Los poemas de Karmelo
enseñan a observar,
a contemplar, a intentar entender.

La realidad es única,
ocurre delante de nuestros ojos
los días sin tiempo,
cuando todo se ordena y existe,
sólo entonces
el hombre se descubre testigo.

La poesía es ejercicio
filosófico de transmisión.

LA DIVINIDAD

Dios existe en la creación.
Si no se llama Dios
puede llamarse de otra manera
    –Pedro, Juan, Yahvé, o Mari Carmen–
el nombre no es la realidad,
tampoco la entendemos demasiado;
somos irónicamente divinos,
sabiamente limitados.

Dios existe en la poesía,
en la transición de un pensamiento
a letras ordenadas,
en el significado
de unos caracteres
que dejan de ser símbolos,
en la redención del hombre y el mundo
por la ausencia de entendimiento.

Hay algo divino e inmerecido
en la improbable constelación
de cada poema y sus palabras:
el milagro de la existencia.

ÍNDICE

CIRCUNSTANCIAS

SUBSTANCIA

ESTE NÚMERO CIENTO
VEINTIDÓS DE *TIERRA*
DE **SILTOLÁ** SE TERMINÓ
DE IMPRIMIR EN EL MES
DE FEBRERO DE 2024